卞尺丹几乙し丹卞と

Translated Language Learning

Aladdin and the Wonderful Lamp

Alaaddin ve Harika Lamba

Antoine Galland

English / Türkçe

Copyright © 2023 Tranzlaty
All rights reserved
Published by Tranzlaty
ISBN: 978-1-83566-064-5
Original text by Antoine Galland
From *"Les mille et une nuits"*
First published in French in 1704
Taken from The Blue Fairy Book
Collected and translated by Andrew Lang
www.tranzlaty.com

Aladdin and the Wonderful Lamp
Alaaddin ve Harika Lamba

Once upon a time there lived a poor tailor
Bir zamanlar fakir bir terzi yaşarmış
he had a son called Aladdin
Alaaddin adında bir oğlu vardı
Aladdin was a careless, idle boy who would do nothing
Aladdin, hiçbir şey yapmayan dikkatsiz, aylak bir çocuktu
although, he did like to play ball all day long
Yine de gün boyu top oynamayı severdi
this he did in the streets with other little idle boys
Bunu sokaklarda diğer küçük aylak çocuklarla yaptı
This so grieved the father that he died
Bu babayı o kadar üzdü ki öldü
his mother cried and prayed but nothing helped
Annesi ağladı ve dua etti ama hiçbir şey yardımcı olmadı
despite her pleading, Aladdin did not mend his ways
yalvarmasına rağmen, Aladdin yollarını düzeltmedi
One day Aladdin was playing in the streets as usual
Bir gün Aladdin her zamanki gibi sokaklarda oynuyordu
a stranger asked him his age
Bir yabancı ona yaşını sordu
and he asked him if he was not the son of Mustapha the tailor
Terzi Mustafa'nın oğlu olup olmadığını sordu
"I am the son of Mustapha, sir" replied Aladdin
"Ben Mustafa'nın oğluyum efendim" diye cevap verdi Alaaddin
"but he died a long time ago"
"Ama uzun zaman önce öldü"
the stranger was a famous African magician
yabancı ünlü bir Afrikalı sihirbazdı
and he fell on his neck and kissed him
Boynuna kapanıp onu öptü
"I am your uncle" said the magician
"Ben senin amcanım" dedi sihirbaz
"I knew you from your likeness to my brother"

"Seni kardeşime olan benzerliğinden tanıdım"
"Go to your mother and tell her I am coming"
"Annene git ve ona geleceğimi söyle"
Aladdin ran home and told his mother of his newly found uncle
Aladdin eve koştu ve annesine yeni bulduğu amcasını anlattı
"Indeed, child," she said, "your father had a brother"
"Gerçekten, çocuk," dedi, "babanın bir erkek kardeşi vardı."
"but I always thought he was dead"
"ama ben her zaman onun öldüğünü düşündüm"
However, she prepared supper for the visitor
Ancak, ziyaretçi için akşam yemeği hazırladı
and she bade Aladdin to seek his uncle
ve Alaaddin'e amcasını aramasını söyledi
Aladdin's uncle came laden with wine and fruit
Alaaddin'in amcası şarap ve meyve yüklü olarak geldi
He fell down and kissed the place where Mustapha used to sit
Yere düştü ve Mustapha'nın oturduğu yeri öptü
and he bid Aladdin's mother not to be surprised
ve Alaaddin'in annesine şaşırmamasını söyledi
he explained he had been out of the country forty years
Kırk yıldır ülke dışında olduğunu açıkladı
He then turned to Aladdin and asked him his trade
Daha sonra Alaaddin'e döndü ve ona ticaretini sordu
but the boy hung his head in shame
Ama çocuk utançla başını öne eğdi
and his mother burst into tears
Ve annesi gözyaşlarına boğuldu
so Aladdin's uncle offered to provide food
bu yüzden Alaaddin'in amcası yiyecek sağlamayı teklif etti

The next day he bought Aladdin a fine suit of clothes
Ertesi gün Alaaddin'e güzel bir takım elbise aldı
and he took him all over the city
Ve onu şehrin her yerine götürdü

he showed him the sights of the city
Ona şehrin manzaralarını gösterdi
at nightfall he brought him home to his mother
Akşam karanlığında onu eve, annesine getirdi
his mother was overjoyed to see her son so fine
Annesi oğlunu bu kadar iyi görünce çok sevindi
The next day the magician led Aladdin into some beautiful gardens
Ertesi gün sihirbaz Alaaddin'i güzel bahçelere götürdü
this was a long way outside the city gates
Bu, şehir kapılarının dışında uzun bir yoldu
They sat down by a fountain
Bir çeşmenin yanına oturdular
and the magician pulled a cake from his girdle
Ve sihirbaz kuşağından bir pasta çıkardı
he divided the cake between the two of them
Pastayı ikisi arasında bölüştürdü
Then they journeyed onward till they almost reached the mountains
Sonra neredeyse dağlara ulaşana kadar ilerlediler
Aladdin was so tired that he begged to go back
Aladdin o kadar yorgundu ki geri dönmek için yalvardı
but the magician beguiled him with pleasant stories
Ama sihirbaz onu hoş hikayelerle kandırdı
and he led him on in spite of his laziness
ve tembelliğine rağmen onu yönlendirdi
At last they came to two mountains
Sonunda iki dağa vardılar
the two mountains were divided by a narrow valley
İki dağ dar bir vadi ile bölünmüştür
"We will go no farther" said the false uncle
"Daha ileri gitmeyeceğiz," dedi sahte amca
"I will show you something wonderful"
"Sana harika bir şey göstereceğim"
"gather up sticks while I kindle a fire"
"Ben ateş yakarken sopaları topla"

When the fire was lit the magician threw a powder on it
Ateş yakıldığında sihirbaz üzerine bir toz attı
and he said some magical words
Ve bazı sihirli sözler söyledi
The earth trembled a little and opened in front of them
Toprak biraz titredi ve önlerinde açıldı
a square flat stone revealed itself
kare yassı bir taş kendini gösterdi
and in the middle of the the stone was a brass ring
ve taşın ortasında pirinç bir yüzük vardı
Aladdin tried to run away
Aladdin kaçmaya çalıştı
but the magician caught him
Ama sihirbaz onu yakaladı
and gave him a blow that knocked him down
ve onu yere seren bir darbe verdi
"What have I done, uncle?" he said piteously
"Ben ne yaptım amca?" dedi acınası bir şekilde
the magician said more kindly: "Fear nothing, but obey me"
sihirbaz daha nazik bir şekilde şöyle dedi: "Hiçbir şeyden korkmayın, ama bana itaat edin"
"Beneath this stone lies a treasure which is to be yours"
"Bu taşın altında senin olacak bir hazine yatıyor"
"and no one else may touch it"
"Ve başka kimse ona dokunamaz"
"so you must do exactly as I tell you"
"bu yüzden sana söylediğim gibi yapmalısın"
At the mention of treasure Aladdin forgot his fears
Hazineden bahsedildiğinde Aladdin korkularını unuttu
he grasped the ring as he was told
Yüzüğü söylendiği gibi kavradı
and he said the names of his father and grandfather
ve babasının ve büyükbabasının isimlerini söyledi
The stone came up quite easily
Taş oldukça kolay bir şekilde ortaya çıktı
and some steps appeared in front of them

Ve önlerinde bazı adımlar belirdi
"Go down" said the magician
"Aşağı in," dedi sihirbaz
"at the foot of those steps you will find an open door"
"Bu basamakların dibinde açık bir kapı bulacaksınız"
"the door leads into three large halls"
"Kapı üç büyük salona açılıyor"
"Tuck up your gown and go through the halls"
"Cübbenizi giyin ve koridorlardan geçin"
"make sure not to touching anything"
"Hiçbir şeye dokunmadığınızdan emin olun"
"if you touch anything, you will die instantly"
"Bir şeye dokunursan anında ölürsün"
"These halls lead into a garden of fine fruit trees"
"Bu salonlar güzel meyve ağaçlarıyla dolu bir bahçeye açılıyor"
"Walk on until you come to a niche in a terrace"
"Terasta bir nişe gelene kadar yürüyün"
"there you will see a lighted lamp"
"Orada yanan bir lamba göreceksiniz"
"Pour out the oil of the lamp"
"Lambanın yağını dökün"
"and then bring me the lamp"
"Ve sonra bana lambayı getir"
He drew a ring from his finger and gave it to Aladdin
Parmağından bir yüzük çıkardı ve Alaaddin'e verdi
and he bid him to prosper
Ve ona başarılı olmasını teklif etti
Aladdin found everything as the magician had said
Alaaddin her şeyi sihirbazın dediği gibi buldu
he gathered some fruit off the trees
Ağaçlardan biraz meyve topladı
and, having got the lamp, he arrived at the mouth of the cave
Ve lambayı aldıktan sonra mağaranın ağzına geldi
The magician cried out in a great hurry
Sihirbaz büyük bir aceleyle bağırdı
"Make haste and give me the lamp"

"Acele et ve lambayı bana ver"
This Aladdin refused to do until he was out of the cave
Bu Alaaddin mağaradan çıkana kadar yapmayı reddetti
The magician flew into a terrible passion
Sihirbaz korkunç bir tutkuya uçtu
he threw some more powder on to the fire
Ateşe biraz daha barut attı
and then he cast another magic spell
Ve sonra başka bir büyü yaptı
and the stone rolled back into its place
Ve taş yerine geri döndü
The magician left Persia for ever
Sihirbaz İran'ı sonsuza dek terk etti
this plainly showed that he was no uncle of Aladdin's
bu, onun Alaaddin'in amcası olmadığını açıkça gösterdi
what he really was was a cunning magician
Gerçekte olduğu şey kurnaz bir sihirbazdı
a magician who had read of a wonderful lamp
Harika bir lamba okumuş bir sihirbaz
a lamp which would make him the most powerful man in the world
Onu dünyanın en güçlü adamı yapacak bir lamba
but he alone knew where to find it
Ama onu nerede bulacağını tek başına biliyordu
and he could only receive it from the hand of another
Ve onu ancak bir başkasının elinden alabilirdi
He had picked out the foolish Aladdin for this purpose
Bu amaçla aptal Alaaddin'i seçmişti
he had intended to get the lamp and kill him afterwards
Lambayı alıp daha sonra onu öldürmeye niyetlenmişti

For two days Aladdin remained in the dark
İki gün boyunca Alaaddin karanlıkta kaldı
he cried and lamented his situation
Ağladı ve durumundan yakındı
At last he clasped his hands in prayer

Sonunda dua ederek ellerini kenetledi
and in so doing he rubbed the ring
Ve bunu yaparken yüzüğü ovuşturdu
the magician had forgotten to take the ring back from him
Sihirbaz yüzüğü ondan geri almayı unutmuştu
Immediately an enormous and frightful genie rose out of the earth
Hemen yeryüzünden devasa ve korkunç bir cin yükseldi
"What would thou have me do?"
"Ne yapmamı isterdin?"
"I am the Slave of the Ring"
"Ben Yüzüğün Kölesiyim"
"and I will obey thee in all things"
"ve her şeyde sana itaat edeceğim"
Aladdin fearlessly replied: "Deliver me from this place!"
Alaaddin korkusuzca cevap verdi: "Beni bu yerden kurtar!"
and the earth opened above him
Ve dünya onun üzerinde açıldı
and he found himself outside
Ve kendini dışarıda buldu
As soon as his eyes could bear the light he went home
Gözleri ışığa dayanır dayanmaz eve gitti
but he fainted when he got there
ama oraya vardığında bayıldı
When he came to himself he told his mother what had happened
Kendine geldiğinde olanları annesine anlattı
and he showed her the lamp
Ve ona lambayı gösterdi
and he shower her the the fruits he had gathered in the garden
Bahçeden topladığı meyveleri ona yağdırdı
the fruits were, in reality, precious stones
Meyveler gerçekte değerli taşlardı
He then asked for some food
Daha sonra biraz yiyecek istedi

"Alas! child" she said
"Eyvah! çocuk" dedi
"I have nothing in the house"
"Evde hiçbir şeyim yok"
"but I have spun a little cotton"
"ama biraz pamuk eğirdim"
"and I will go and sell the cotton"
"ve gidip pamuğu satacağım"
Aladdin bade her keep her cotton
Alaaddin ona pamuğunu saklamasını söyledi
he told her he would sell the lamp instead of the cotton
Pamuk yerine lambayı satacağını söyledi
As it was very dirty she began to rub the lamp
Çok kirli olduğu için lambayı ovmaya başladı
a clean lamp might fetch a higher price
Temiz bir lamba daha yüksek bir fiyat getirebilir
Instantly a hideous genie appeared
Anında bir cin ortaya çıktı
he asked what she would like to have
Neye sahip olmak istediğini sordu
at the sight of the genie she fainted
Cini görünce bayıldı
but Aladdin, snatching the lamp, said boldly:
ama lambayı kapan Alaaddin cesurca şöyle dedi:
"Fetch me something to eat!"
"Bana yiyecek bir şeyler getir!"
The genie returned with a silver bowl
Cin gümüş bir kase ile geri döndü
he had twelve silver plates containing rich meats
Zengin etler içeren on iki gümüş tabağı vardı
and he had two silver cups and two bottles of wine
İki gümüş kadeh ve iki şişe şarabı vardı
Aladdin's mother, when she came to herself, said:
Alaaddin'in annesi kendine geldiğinde şöyle dedi:
"Whence comes this splendid feast?"
"Bu muhteşem şölen nereden geliyor?"

"Ask not where it came from, but eat, mother" replied Aladdin
"Nereden geldiğini sorma, ye, anne" diye yanıtladı Alaaddin
So they sat at breakfast till it was dinner-time
Bu yüzden akşam yemeği vakti gelene kadar kahvaltıda oturdular
and Aladdin told his mother about the lamp
ve Alaaddin annesine lambadan bahsetti
She begged him to sell it
Onu satması için yalvardı
"let us have nothing to do with devils"
"Şeytanlarla işimiz olmasın"
but Aladdin had thought it would be wiser to use the lamp
ama Aladdin lambayı kullanmanın daha akıllıca olacağını düşünmüştü
"chance hath made us aware of its virtues"
"Şans bizi erdemlerinden haberdar etti"
"we will use it, and the ring likewise"
"Onu ve yüzüğü de aynı şekilde kullanacağız"
"I shall always wear it on my finger"
"Onu her zaman parmağımda taşıyacağım"
When they had eaten all the genie had brought, Aladdin sold one of the silver plates
Cin getirdikleri her şeyi yedikten sonra, Alaaddin gümüş tabaklardan birini sattı
and when he needed money again he sold the next plate
Ve tekrar paraya ihtiyacı olduğunda bir sonraki tabağı sattı
he did this until no plates were left
Bunu hiçbir tabak kalmayana kadar yaptı
He then he made another wish to the genie
Sonra cine bir dilek daha tuttu
and the genie gave him another set of plates
Ve cin ona başka bir tabak seti verdi
and thus they lived for many years
Ve böylece uzun yıllar yaşadılar

One day Aladdin heard an order from the Sultan
Bir gün Alaaddin, Sultan'dan bir emir duydu
everyone was to stay at home and close their shutters
Herkes evde oturup kepenklerini kapatacaktı
the Princess was going to and from her bath
Prenses banyoya gidip geliyordu
Aladdin was seized by a desire to see her face
Aladdin, yüzünü görme arzusuyla ele geçirildi
although it was very difficult to see her face
yüzünü görmek çok zor olmasına rağmen
because everywhere she went she wore a veil
Çünkü gittiği her yerde peçe takıyordu
He hid himself behind the door of the bath
Kendini hamamın kapısının arkasına sakladı
and he peeped through a chink in the door
Ve kapıdaki bir aralıktan gözetledi
The Princess lifted her veil as she went in to the bath
Prenses banyoya girerken peçesini kaldırdı
and she looked so beautiful that Aladdin fell in love with her at first sight
ve o kadar güzel görünüyordu ki Aladdin ilk görüşte ona aşık oldu
He went home so changed that his mother was frightened
Eve o kadar değişmiş ki annesi korkmuştu
He told her he loved the Princess so deeply that he could not live without her
Ona Prenses'i o kadar derinden sevdiğini ve onsuz yaşayamayacağını söyledi
and he wanted to ask her in marriage of her father
ve ona babasıyla evlenmesini istemek istedi
His mother, on hearing this, burst out laughing
Annesi bunu duyunca kahkahayı patlattı
but Aladdin at last prevailed upon her to go before the Sultan
ama Alaaddin sonunda Sultan'ın huzuruna çıkması için onu ikna etti
and she was going to carry his request

Ve isteğini yerine getirecekti
She fetched a napkin and laid in it the magic fruits
Bir peçete getirdi ve içine sihirli meyveleri koydu
the magic fruits from the enchanted garden
Büyülü bahçeden sihirli meyveler
the fruits sparkled and shone like the most beautiful jewels
Meyveler en güzel mücevherler gibi parlıyor ve parlıyordu
She took the magic fruits with her to please the Sultan
Sultan'ı memnun etmek için sihirli meyveleri yanına aldı
and she set out, trusting in the lamp
Ve lambaya güvenerek yola çıktı
The Grand Vizier and the lords of council had just gone into the palace
Sadrazam ve meclis beyleri saraya yeni girmişlerdi
and she placed herself in front of the Sultan
ve kendini padişahın önüne koydu
He, however, took no notice of her
Ancak onu hiç dikkate almadı
She went every day for a week
Bir hafta boyunca her gün gitti
and she stood in the same place
Ve aynı yerde durdu
When the council broke up on the sixth day the Sultan said to his Vizier:
Altıncı gün meclis dağılınca padişah vezirine şöyle dedi:
"I see a certain woman in the audience-chamber every day"
"Salonda her gün bir kadın görüyorum"
"she is always carrying something in a napkin"
"Her zaman peçetede bir şeyler taşıyor"
"Call her to come to us, next time"
"Bir dahaki sefere bize gelmesi için onu ara"
"so that I may find out what she wants"
"Ne istediğini öğrenebileyim diye"
Next day the Vizier gave her a sign
Ertesi gün Vezir ona bir işaret verdi
she went up to the foot of the throne

Tahtın dibine çıktı
and she remained kneeling till the Sultan spoke to her
ve padişah onunla konuşana kadar diz çöktü
"Rise, good woman, tell me what you want"
"Kalk, iyi kadın, bana ne istediğini söyle"
She hesitated, so the Sultan sent away all but the Vizier
Tereddüt etti, bu yüzden Sultan Vezir hariç herkesi gönderdi
and he bade her to speak frankly
Ve ona dürüstçe konuşmasını söyledi
and he promised to forgive her for anything she might say
Ve söyleyebileceği her şey için onu affedeceğine söz verdi
She then told him of her son's violent love for the Princess
Daha sonra ona oğlunun Prenses'e olan şiddetli sevgisini anlattı
"I prayed him to forget her" she said
"Onu unutması için dua ettim" dedi
"but the prayers were in vain"
"Ama dualar boşunaydı"
"he threatened to do some desperate deed if I refused to go"
"Gitmeyi reddedersem umutsuz bir iş yapmakla tehdit etti"
"and so I ask your Majesty for the hand of the Princess"
"ve bu yüzden Majestelerinden Prenses'in elini istiyorum"
"but now I pray you to forgive me"
"ama şimdi beni affetmen için dua ediyorum"
"and I pray that you forgive my son Aladdin"
"ve oğlum Alaaddin'i affetmen için dua ediyorum"
The Sultan asked her kindly what she had in the napkin
Padişah ona nazikçe peçetede ne olduğunu sordu
so she unfolded the napkin
Bu yüzden peçeteyi açtı
and she presented the jewels to the Sultan
ve mücevherleri padişaha takdim etti
He was thunderstruck by the beauty of the jewels
Mücevherlerin güzelliği karşısında şimşek çaktı
and he turned to the Vizier and asked "What sayest thou?"
Vezir'e dönerek, "Ne diyorsun?" diye sordu.
"Ought I not to bestow the Princess on one who values her at

such a price?"
"Prensesi, ona bu kadar değer veren birine bahşetmem gerekmez mi?"
The Vizier wanted her for his own son
Vezir onu kendi oğlu için istedi
so he begged the Sultan to withhold her for three months
bu yüzden Sultan'a onu üç ay alıkoyması için yalvardı
perhaps within the time his son would contrive to make a richer present
Belki de zaman içinde oğlu daha zengin bir hediye yapmayı başaracaktı
The Sultan granted the wish of his Vizier
Padişah vezirinin dileğini yerine getirdi
and he told Aladdin's mother that he consented to the marriage
ve Alaaddin'in annesine evliliğe rıza gösterdiğini söyledi
but she must not appear before him again for three months
ama üç ay boyunca bir daha onun huzuruna çıkmamalıdır

Aladdin waited patiently for nearly three months
Aladdin yaklaşık üç ay sabırla bekledi
after two months had elapsed his mother went to go to the market
İki ay geçtikten sonra annesi pazara gitti
she was going into the city to buy oil
Petrol almak için şehre gidiyordu
when she got to the market found every one rejoicing
Pazara vardığında herkesi sevinçle buldu
so she asked what was going on
Bu yüzden neler olduğunu sordu
"Do you not know?" was the answer
"Bilmiyor musun?" cevabıydı
"the son of the Grand Vizier is to marry the Sultan's daughter tonight"
"Sadrazamın oğlu bu gece padişahın kızıyla evlenecek"
Breathless, she ran and told Aladdin

Nefes nefese koştu ve Aladdin'e söyledi
at first Aladdin was overwhelmed
ilk başta Aladdin bunalmıştı
but then he thought of the lamp and rubbed it
Ama sonra lambayı düşündü ve ovuşturdu
once again the the genie appeared out of the lamp
Bir kez daha lambadan cin çıktı
"What is thy will?" asked the genie
"Senin isteğin nedir?" diye sordu cin
"The Sultan, as thou knowest, has broken his promise to me"
"Padişah, bildiğin gibi, bana verdiği sözü tutmadı"
"the Vizier's son is to have the Princess"
"Vezirin oğlu Prenses'e sahip olacak"
"My command is that tonight you bring the bride and bridegroom"
"Emrim, bu gece gelin ve damadı getirmenizdir"
"Master, I obey" said the genie
"Usta, itaat ediyorum" dedi cin
Aladdin then went to his chamber
Aladdin daha sonra odasına gitti
sure enough, at midnight the genie transported a bed
Tabii ki, gece yarısı cin bir yatak taşıdı
and the bed contained the Vizier's son and the Princess
Yatakta ise Vezir'in oğlu ve Prenses vardı
"Take this new-married man, genie" he said
"Bu yeni evli adamı al, cin" dedi
"put him outside in the cold for the night"
"Onu gece boyunca soğuğa koy"
"then return them again at daybreak"
"O zaman şafak sökerken tekrar iade et"
So the genie took the Vizier's son out of bed
Bunun üzerine cin, Vezir'in oğlunu yataktan kaldırdı
and he left Aladdin with the Princess
ve Alaaddin'i Prenses'le birlikte bıraktı
"Fear nothing," Aladdin said to her, "you are my wife"
"Hiçbir şeyden korkma," dedi Aladdin ona, "sen benim

karımsın"
"you were promised to me by your unjust father"
"Bana zalim baban tarafından vaat edildin"
"and no harm shall come to you"
"Ve size hiçbir zarar gelmeyecek"
The Princess was too frightened to speak
Prenses konuşamayacak kadar korkmuştu
and she passed the most miserable night of her life
Ve hayatının en sefil gecesini geçirdi
although Aladdin lay down beside her and slept soundly
Aladdin yanına uzanıp mışıl mışıl uyumasına rağmen
At the appointed hour the genie fetched in the shivering bridegroom
Belirlenen saatte cin titreyen damadı getirdi
he laid him in his place
Onu yerine koydu
and he transported the bed back to the palace
Ve yatağı saraya geri taşıdı
Presently the Sultan came to wish his daughter good-morning
O sırada padişah kızına günaydın dilemeye geldi
The unhappy Vizier's son jumped up and hid himself
Mutsuz Vezir'in oğlu ayağa fırladı ve saklandı
and the Princess would not say a word
ve Prenses tek kelime etmedi
and she was very sorrowful
ve çok kederliydi
The Sultan sent her mother to her
Padişah annesini ona gönderdi
"Why will you not speak to your father, child?"
"Neden babanla konuşmuyorsun, çocuğum?"
"What has happened?" she asked
"Ne oldu?" diye sordu
The Princess sighed deeply
Prenses derin bir iç çekti
and at last she told her mother what had happened
Ve sonunda olanları annesine anlattı

she told her how the bed had been carried into some strange house
Ona yatağın garip bir eve nasıl taşındığını anlattı
and she told of what had happened in the house
Ve evde olanları anlattı
Her mother did not believe her in the least
Annesi ona hiç inanmadı
and she bade her to consider it an idle dream
Ve bunu boş bir rüya olarak görmesini istedi
The following night exactly the same thing happened
Ertesi gece de aynı şey oldu
and the next morning the princess wouldn't speak either
Ve ertesi sabah prenses de konuşmadı
on the Princess's refusal to speak, the Sultan threatened to cut off her head
Prenses'in konuşmayı reddetmesi üzerine Sultan, kafasını kesmekle tehdit etti
She then confessed all that had happened
Daha sonra olan her şeyi itiraf etti
and she bid him to ask the Vizier's son
ve ona vezirin oğluna sormasını teklif etti
The Sultan told the Vizier to ask his son
Padişah Vezir'e oğluna sormasını söyledi
and the Vizier's son told the truth
ve vezirin oğlu doğruyu söyledi
he added that he dearly loved the Princess
Prensesi çok sevdiğini de sözlerine ekledi
"but I would rather die than go through another such fearful night"
"ama böyle korkunç bir gece daha yaşamaktansa ölmeyi tercih ederim"
and he wished to be separated from her, which was granted
ve ondan ayrılmak istedi, bu da kabul edildi
and there was an end to feasting and rejoicing
Ve ziyafet ve sevincin bir sonu vardı

then the three months were over
Sonra üç ay bitti
Aladdin sent his mother to remind the Sultan of his promise
Alaaddin, Sultan'a sözünü hatırlatmak için annesini gönderdi
She stood in the same place as before
Daha önce olduğu gibi aynı yerde durdu
the Sultan had forgotten Aladdin
padişah Alaaddin'i unutmuştu
but at once he remembered him again
Ama hemen onu tekrar hatırladı
and he asked for her to come to him
Ve onun kendisine gelmesini istedi
On seeing her poverty the Sultan felt less inclined than ever to keep his word
Onun yoksulluğunu gören Sultan, sözünü tutmaya her zamankinden daha az meyilli hissetti
and he asked his Vizier's advice
vezirinin tavsiyesini sordu
he counselled him to set a high value on the Princess
Prenses'e yüksek bir değer vermesini tavsiye etti
a price so high that no man living could come up to it
O kadar yüksek bir bedel ki, yaşayan hiç kimse buna ulaşamaz
The Sultan then turned to Aladdin's mother, saying:
Sultan daha sonra Alaaddin'in annesine döndü ve şöyle dedi:
"Good woman, a Sultan must remember his promises"
"İyi kadın, padişah verdiği sözleri hatırlamalı"
"and I will remember my promise"
"ve sözümü hatırlayacağım"
"but your son must first send me forty basins of gold"
"Ama oğlun önce bana kırk leğen altın göndermeli"
"and the gold basins must be brimful of jewels"
"Ve altın leğenler mücevherlerle dolu olmalı"
"and they must be carried by forty black camels"
"Ve kırk siyah deve tarafından taşınmalılar"
"and in front of each black camel there is to be a white one"
"Ve her siyah devenin önünde beyaz bir tane olmalı"

"and they are all to be splendidly dressed"
"Ve hepsi muhteşem giyinecek"
"Tell him that I await his answer"
"Ona cevabını beklediğimi söyle"
The mother of Aladdin bowed low
Alaaddin'in annesi eğildi
and then she went home
Ve sonra eve gitti
although she thought all was lost
Her şeyin kaybolduğunu düşünmesine rağmen
She gave Aladdin the message
Aladdin'e mesajı verdi
and she added, "He may wait long enough for your answer!"
ve ekledi, "Cevabın için yeterince bekleyebilir!"
"Not so long as you think, mother" her son replied
"Düşündüğün kadar uzun değil anne" diye cevap verdi oğlu
"I would do a great deal more than that for the Princess"
"Prenses için bundan çok daha fazlasını yapardım"
and he summoned the genie again
Ve cini tekrar çağırdı
and in a few moments the eighty camels arrived
Ve birkaç dakika içinde seksen deve geldi
and they took up all space in the small house and garden
ve küçük evde ve bahçede tüm alanı kapladılar
Aladdin made them set out to the palace
Alaaddin onları saraya doğru yola çıkardı
and they were followed by his mother
ve onları annesi izledi
They were very richly dressed
Çok zengin giyinmişlerdi
and splendid jewels were on their girdles
ve kuşaklarında muhteşem mücevherler vardı
and everyone crowded around to see them
Ve herkes onları görmek için etrafta toplandı
and the basins of gold they carried on their backs
ve sırtlarında taşıdıkları altın leğenleri

They entered the palace of the Sultan
Padişahın sarayına girdiler
and they kneeled before him in a semi circle
Önünde yarım daire şeklinde diz çöktüler
and Aladdin's mother presented them to the Sultan
ve Alaaddin'in annesi onları Sultan'a sundu
He hesitated no longer, but said:
Artık tereddüt etmedi, ama dedi ki:
"Good woman, return to your son"
"İyi kadın, oğluna dön"
"tell him that I wait for him with open arms"
"Ona onu kollarımı açarak beklediğimi söyle"
She lost no time in telling Aladdin
Alaaddin'e anlatmak için hiç zaman kaybetmedi
and she bid him make haste
Ve ona acele etmesini söyledi
But Aladdin first called for the genie
Ama Aladdin önce cini çağırdı
"I want a scented bath" he said
"Kokulu bir banyo istiyorum" dedi
"and I want a horse more beautiful than the Sultan's"
"Sultan'ınkinden daha güzel bir at istiyorum"
"and I want twenty servants to attend me"
"ve yirmi hizmetçinin bana katılmasını istiyorum"
"and I also want six beautifully dressed servants to wait on my mother
"Ayrıca annemi beklemek için güzel giyimli altı hizmetçi istiyorum
"and lastly, I want ten thousand pieces of gold in ten purses"
"ve son olarak, on kesede on bin altın istiyorum"
No sooner had he said what he wanted and it was done
Ne istediğini söyler söylemez yapıldı ve yapıldı
Aladdin mounted his beautiful horse
Alaaddin güzel atına bindi
and he passed through the streets
Ve sokaklardan geçti

the servants cast gold into the crowd as they went
Hizmetçiler giderken kalabalığa altın attılar
Those who had played with him in his childhood knew him not
Çocukluğunda onunla oynayanlar onu tanımıyordu
he had grown very handsome
Çok yakışıklı olmuştu
When the Sultan saw him he came down from his throne
Padişah onu görünce tahtından indi
he embraced his new son in law with open arms
Yeni damadını kollarını açarak kucakladı
and he led him into a hall where a feast was spread
Ve onu bir ziyafetin yayıldığı bir salona götürdü
he intended to marry him to the Princess that very day
o gün onu Prenses ile evlendirmeye niyetlendi
But Aladdin refused to marry straight away
Ancak Aladdin hemen evlenmeyi reddetti
"first I must build a palace fit for the princess"
"Önce prensese yakışır bir saray inşa etmeliyim"
and then he took his leave
Ve sonra ayrıldı
Once home, he said to the genie:
Eve döndüğünde cine dedi ki:
"Build me a palace of the finest marble"
"Bana en iyi mermerden bir saray yap"
"set the palace with jasper, agate, and other precious stones"
"Sarayı Jasper, Akik ve Diğer Değerli Taşlarla Kurun"
"In the middle you shall build me a large hall with a dome"
"Ortasına kubbeli büyük bir salon yapacaksın"
"its four walls will be of masses of gold and silver"
"Dört duvarı altın ve gümüş yığınlarından olacak"
"and each wall will have six windows"
"Ve her duvarın altı penceresi olacak"
"and the lattices of the windows will be set with precious jewels"
"Ve pencerelerin kafesleri değerli mücevherlerle donatılacak"

"but there must be one window that is not decorated"
"Ama süslenmemiş bir pencere olmalı"
"go see that it gets done!"
"Git ve bittiğini gör!"
The palace was finished by the next day
Saray ertesi gün bitti
the genie carried him to the new palace
Cin onu yeni saraya taşıdı
and he showed him how all his orders had been faithfully carried out
Ve ona tüm emirlerinin nasıl sadakatle yerine getirildiğini gösterdi
even a velvet carpet had been laid from Aladdin's palace to the Sultan's
Alaaddin'in sarayından Sultan'ın sarayına kadife bir halı bile serilmişti
Aladdin's mother then dressed herself carefully
Alaaddin'in annesi daha sonra özenle giyindi
and she walked to the palace with her servants
Hizmetçileriyle birlikte saraya yürüdü
and Aladdin followed her on horseback
ve Alaaddin onu at sırtında takip etti
The Sultan sent musicians with trumpets and cymbals to meet them
Padişah, onları karşılamak için trompet ve zillerle müzisyenler gönderdi
so the air resounded with music and cheers
Böylece hava müzik ve tezahüratlarla yankılandı
She was taken to the Princess, who saluted her
Onu selamlayan Prenses'e götürüldü
and she treated her with great honour
Ve ona büyük bir onurla davrandı
At night the Princess said good-by to her father
Prenses gece babasıyla vedalaştı
and she set out on the carpet for Aladdin's palace
ve Alaaddin'in sarayına gitmek için halıya koyuldu

his mother was at her side
Annesi onun yanındaydı
and they were followed by their entourage of servants
ve onları hizmetçi maiyetleri izledi
She was charmed at the sight of Aladdin
Aladdin'i görünce büyülendi
and Aladdin ran to receive her into the palace
ve Alaaddin onu saraya almak için koştu
"Princess," he said "blame your beauty for my boldness
"Prenses," dedi, "cesaretim için güzelliğini suçla
"I hope I have not displeased you"
"Umarım sizi rahatsız etmemişimdir"
she said she willingly obeyed her father in this matter
Bu konuda babasına isteyerek itaat ettiğini söyledi
because she had seen that he is handsome
çünkü onun yakışıklı olduğunu görmüştü
After the wedding had taken place Aladdin led her into the hall
Düğün gerçekleştikten sonra Alaaddin onu salona götürdü
here a feast was spread out in the hall
Burada salonda bir ziyafet yayıldı
and she supped with him
Ve onunla birlikte sustu
after eating they danced till midnight
Yemekten sonra gece yarısına kadar dans ettiler

The next day Aladdin invited the Sultan to see the palace
Ertesi gün Alaaddin, Sultan'ı sarayı görmeye davet etti
they entered the hall with the four-and-twenty windows
Dört yirmi pencereli salona girdiler
the windows were decorated with rubies, diamonds, and emeralds
Pencereler yakut, elmas ve zümrütlerle süslenmiştir
he cried "It is a world's wonder!"
"Bu bir dünya harikası!" diye bağırdı.
"There is only one thing that surprises me"

"Beni şaşırtan tek bir şey var"
"Was it by accident that one window was left unfinished?"
"Bir pencerenin yarım kalması tesadüf müydü?"
"No, sir, it was done so by design" replied Aladdin
"Hayır efendim, tasarım gereği yapıldı" diye yanıtladı Aladdin
"I wished your Majesty to have the glory of finishing this palace"
"Majestelerinin bu sarayı bitirme şerefine sahip olmasını diledim"
The Sultan was pleased to be given this honour
Padişah bu onura layık görüldüğüne sevindi
and he sent for the best jewellers in the city
Ve şehrin en iyi kuyumcularını çağırttı
He showed them the unfinished window
Onlara bitmemiş pencereyi gösterdi
and he bade them to decorate it like the others
ve onlara onu diğerleri gibi dekore etmelerini emretti
"Sir" replied their spokesman
"Efendim" diye yanıtladı sözcüleri
"we cannot find enough jewels"
"Yeterli mücevher bulamıyoruz"
so the Sultan had his own jewels fetched
bu yüzden padişah kendi mücevherlerini getirtti
but those jewels were soon soon used up too
Ancak bu mücevherler de kısa sürede tükendi
even after a month's time the work was not half done
Bir ay geçmesine rağmen işin yarısı bitmedi
Aladdin knew that their task was impossible
Aladdin, görevlerinin imkansız olduğunu biliyordu
he bade them to undo their work
Onlara işlerini geri almalarını emretti
and he bade them carry the jewels back
Ve mücevherleri geri taşımalarını emretti
the genie finished the window at his command
Cin pencereyi emriyle bitirdi
The Sultan was surprised to receive his jewels again

Padişah mücevherlerini tekrar alınca şaşırdı
he visited Aladdin, who showed him the window finished
Aladdin'i ziyaret etti ve ona pencerenin bittiğini gösterdi
and the Sultan embraced his son in law
ve padişah damadını kucakladı
meanwhile, the envious Vizier suspected the work of enchantment
bu arada, kıskanç Vezir büyü işinden şüphelendi
Aladdin had won the hearts of the people by his gentle bearing
Alaaddin, nazik duruşuyla halkın kalbini kazanmıştı
He was made captain of the Sultan's armies
Padişahın ordularının kaptanlığına getirildi
and he won several battles for his army
Ve ordusu için birkaç savaş kazandı
but he remained as modest and courteous as before
Ama eskisi gibi mütevazı ve nazik kaldı
in this way he lived in peace and content for several years
Bu şekilde birkaç yıl huzur ve memnuniyet içinde yaşadı
But far away in Africa the magician remembered Aladdin
Ama Afrika'da çok uzakta, sihirbaz Aladdin'i hatırladı
and by his magic arts he discovered Aladdin hadn't perished in the cave
ve sihir sanatlarıyla Alaaddin'in mağarada ölmediğini keşfetti
but instead of perishing he had escaped and married the princess
ama ölmek yerine kaçmış ve prensesle evlenmişti
and now he was living in great honour and wealth
Ve şimdi büyük bir onur ve zenginlik içinde yaşıyordu
He knew that the poor tailor's son could only have accomplished this by means of the lamp
Zavallı terzinin oğlunun bunu ancak lamba sayesinde başarabileceğini biliyordu
and he travelled night and day until he reached the city
Şehre varıncaya kadar gece gündüz yolculuk yaptı
he was bent on making sure of Aladdin's ruin

Alaaddin'in mahvından emin olmaya kararlıydı
As he passed through the town he heard people talking
Kasabadan geçerken insanların konuştuğunu duydu
all they could talk about was a marvellous palace
Konuşabildikleri tek şey muhteşem bir saraydı
"Forgive my ignorance," he asked
"Cehaletimi bağışla" diye sordu
"what is this palace you speak of?"
"Bahsettiğin bu saray nedir?"
"Have you not heard of Prince Aladdin's palace?" was the reply
"Prens Alaaddin'in sarayını duymadın mı?" diye sordum
"it is the greatest wonder of the world"
"Dünyanın en büyük harikası"
"I will direct you to the palace, if you would like to see it"
"Görmek istersen seni saraya yönlendireyim"
The magician thanked him for bringing him to the palace
Sihirbaz onu saraya getirdiği için teşekkür etti
and having seen the palace, he knew that it had been raised by the Genie of the Lamp
ve sarayı gördükten sonra, onun Lamba Cini tarafından büyütüldüğünü anladı
this made him half mad with rage
Bu onu öfkeden yarı deli yaptı
He determined to get hold of the lamp
Lambayı ele geçirmeye karar verdi
and he would again plunge Aladdin into the deepest poverty
ve Alaaddin'i tekrar en derin yoksulluğa sürükleyecekti
Unluckily, Aladdin had gone a-hunting for eight days
Ne yazık ki, Aladdin sekiz gün boyunca avlanmaya gitmişti
this gave the magician plenty of time
Bu sihirbaza bolca zaman verdi
He bought a dozen copper lamps
Bir düzine bakır lamba aldı
and he put them into a basket
Ve onları bir sepete koydu

and he went to the palace
Ve saraya gitti
"New lamps for old!" he exclaimed
"Eskiye yeni lambalar!" diye bağırdı
and he was followed by a jeering crowd
ve onu alaycı bir kalabalık izledi
The Princess was sitting in the hall of four-and-twenty windows
Prenses dört yirmi pencereli salonda oturuyordu
she sent a servant to find out what the noise was about
Gürültünün ne hakkında olduğunu öğrenmek için bir hizmetçi gönderdi
the servant came back laughing so much that the Princess scolded her
hizmetçi o kadar çok gülerek geri döndü ki Prenses onu azarladı
"Madam," replied the servant
"Hanımefendi," diye cevap verdi uşak
"who can help but laughing when you see such a thing?"
"Böyle bir şey gördüğünde gülmekten başka kim yardım edebilir?"
"an old fool is offering to exchange fine new lamps for old ones"
"Yaşlı bir aptal, güzel yeni lambaları eskileriyle değiştirmeyi teklif ediyor"
Another servant, hearing this, spoke up
Bunu duyan başka bir hizmetçi konuştu
"There is an old lamp on the cornice there which he can have"
"Kornişin üzerinde eski bir lamba var, orada olabilir"
this, of course, was the magic lamp
Bu, elbette, sihirli lambaydı
Aladdin had left it there, as he could not take it out hunting with him
Alaaddin, onunla avlanmaya çıkamadığı için onu orada bırakmıştı
The Princess didn't know know the lamp's value

Prenses lambanın değerini bilmiyordu
laughingly she bade the servant to exchange it
Gülerek hizmetçiye onu değiştirmesini söyledi
the servant took the lamp to the magician
Hizmetçi lambayı sihirbaza götürdü
"Give me a new lamp for this" she said
"Bunun için bana yeni bir lamba ver" dedi
He snatched it and bade the servant to take her choice
Onu kaptı ve hizmetçiye seçimini yapmasını söyledi
and all the crowd jeered at the sight
Ve tüm kalabalık bu manzara karşısında alay etti
but the magician cared little for the crowd
Ama sihirbaz kalabalığı pek umursamadı
he left the crowd with the lamp he had set out to get
Almak için yola çıktığı lambayı alarak kalabalığın arasından ayrıldı
and he went out of the city gates to a lonely place
Ve şehir kapılarından ıssız bir yere gitti
there he remained till nightfall
Akşama kadar orada kaldı
and it nightfall he pulled out the lamp and rubbed it
Akşam karanlığında lambayı çıkarıp ovuşturdu
The genie appeared to the magician
Cin sihirbaza göründü
and the magician made his command to the genie
Ve sihirbaz cine buyruğunu verdi
"carry me, the princess, and the palace to a lonely place in Africa"
"Beni, prensesi ve sarayı Afrika'da ıssız bir yere götür"

Next morning the Sultan looked out of the window toward Aladdin's palace
Ertesi sabah Sultan pencereden Alaaddin'in sarayına doğru baktı
and he rubbed his eyes when he saw the palace was gone
Sarayın gittiğini görünce gözlerini ovuşturdu

He sent for the Vizier and asked what had become of the palace
Vezir'i çağırttı ve saraya ne olduğunu sordu
The Vizier looked out too, and was lost in astonishment
Vezir de dışarı baktı ve şaşkınlık içinde kayboldu
He again put it down to enchantment
Tekrar büyüye bıraktı
and this time the Sultan believed him
ve bu sefer padişah ona inandı
he sent thirty men on horseback to fetch Aladdin in chains
Alaaddin'i zincire vurmak için at sırtında otuz adam gönderdi
They met him riding home
Onunla eve giderken tanıştılar
they bound him and forced him to go with them on foot
Onu bağladılar ve kendileriyle yaya olarak gitmeye zorladılar
The people, however, who loved him, followed them to the palace
Ancak onu seven insanlar onları saraya kadar takip etti
they would make sure that he came to no harm
zarar görmemesini sağlayacaklardı
He was carried before the Sultan
Padişahın huzuruna çıkarıldı
and the Sultan ordered the executioner to cut off his head
ve padişah cellata kafasını kesmesini emretti
The executioner made Aladdin kneel down before a block of wood
Cellat, Alaaddin'i bir tahta bloğun önünde diz çöktürdü
he bandaged his eyes so that he could not see
Göremesin diye gözlerini bandajladı
and he raised his scimitar to strike
ve vurmak için palasını kaldırdı
At that instant the Vizier saw the crowd had forced their way into the courtyard
O sırada Vezir, kalabalığın avluya zorla girdiğini gördü
they were scaling the walls to rescue Aladdin
Alaaddin'i kurtarmak için duvarlara tırmanıyorlardı

so he called to the executioner to halt
Bu yüzden cellata durması için seslendi
The people, indeed, looked so threatening that the Sultan gave way
Halk gerçekten de o kadar tehditkar görünüyordu ki Sultan yol verdi
and he ordered Aladdin to be unbound
ve Alaaddin'in bağının çözülmesini emretti
he pardoned him in the sight of the crowd
Kalabalığın gözü önünde onu affetti
Aladdin now begged to know what he had done
Alaaddin şimdi ne yaptığını bilmek için yalvardı
"False wretch!" said the Sultan "come thither"
"Yalancı zavallı!" dedi Padişah "buraya gel"
he showed him from the window the place where his palace had stood
Pencereden ona sarayının durduğu yeri gösterdi
Aladdin was so amazed that he could not say a word
Alaaddin o kadar şaşırmıştı ki tek kelime edemedi
"Where is my palace and my daughter?" demanded the Sultan
"Sarayım ve kızım nerede?" diye sordu padişah
"For the first I am not so deeply concerned"
"İlk defa bu kadar endişeli değilim"
"but my daughter I must have"
"ama kızım olmalı"
"and you must find her or lose your head"
"Ya onu bulacaksın ya da kafanı kaybetmelisin"
Aladdin begged to be granted forty days in which to find her
Alaaddin, onu bulması için kırk gün verilmesi için yalvardı
he promised that if he failed he would return
Başarısız olursa geri döneceğine söz verdi
and on his return he would suffer death at the Sultan's pleasure
ve dönüşünde Sultan'ın keyfine göre ölüme mahkum olacaktı
His prayer was granted by the Sultan

Duası padişah tarafından kabul edildi
and he went forth sadly from the Sultan's presence
Sultan'ın huzurundan üzgün bir şekilde ayrıldı
For three days he wandered about like a madman
Üç gün boyunca deli gibi dolaştı
he asked everyone what had become of his palace
Herkese sarayına ne olduğunu sordu
but they only laughed and pitied him
Ama sadece güldüler ve ona acıdılar
He came to the banks of a river
Bir nehrin kıyısına geldi
he knelt down to say his prayers before throwing himself in
Kendini içeri atmadan önce dualarını okumak için diz çöktü
In so doing he rubbed the magic ring he still wore
Bunu yaparken hala taktığı sihirli yüzüğü ovuşturdu
The genie he had seen in the cave appeared
Mağarada gördüğü cin ortaya çıktı
and he asked him what his will was
Ve ona isteğinin ne olduğunu sordu
"Save my life, genie" said Aladdin
"Hayatımı kurtar cin" dedi Alaaddin
"bring my palace back"
"Sarayımı geri getir"
"That is not in my power" said the genie
"Bu benim gücümde değil" dedi cin
"I am only the Slave of the Ring"
"Ben sadece Yüzüğün Kölesiyim"
"you must ask him for the lamp"
"Lambayı ondan istemelisin"
"that might be true" said Aladdin
"Bu doğru olabilir," dedi Alaaddin
"but thou canst take me to the palace"
"Ama beni saraya götürebilirsin"
"set me down under my dear wife's window"
"Beni sevgili karımın penceresinin altına bırak"
He at once found himself in Africa

Kendini bir anda Afrika'da buldu
he was under the window of the Princess
Prensesin penceresinin altındaydı
and he fell asleep out of sheer weariness
Yorgunluktan uykuya daldı
He was awakened by the singing of the birds
Kuşların ötüşüyle uyandı
and his heart was lighter than it was before
Ve kalbi eskisinden daha hafifti
He saw plainly that all his misfortunes were owing to the loss of the lamp
Tüm talihsizliklerinin lambanın kaybından kaynaklandığını açıkça gördü
and he vainly wondered who had robbed him of it
Ve boşuna, onu kimin soyduğunu merak etti
That morning the Princess rose earlier than she normally
O sabah Prenses normalden daha erken kalktı
once a day she was forced to endure the magicians company
Günde bir kez sihirbazlar şirketine katlanmak zorunda kaldı
She, however, treated him very harshly
Ancak ona çok sert davrandı
so he dared not live with her in the palace
Bu yüzden onunla sarayda yaşamaya cesaret edemedi
As she was dressing, one of her women looked out and saw Aladdin
Giyinirken kadınlarından biri dışarı baktı ve Aladdin'i gördü
The Princess ran and opened the window
Prenses koştu ve pencereyi açtı
at the noise she made Aladdin looked up
çıkardığı gürültüde Aladdin başını kaldırdı
She called to him to come to her
Ona gelmesi için seslendi
it was a great joy for the lovers to see each other again
Aşıkların birbirlerini tekrar görmeleri büyük bir keyifti
After he had kissed her Aladdin said:
Onu öptükten sonra Alaaddin dedi ki:

"I beg of you, Princess, in God's name"
"Sana yalvarıyorum Prenses, Tanrı adına"
"before we speak of anything else"
"Başka bir şey konuşmadan önce"
"for your own sake and mine"
"Senin ve benim iyiliğim için"
"tell me what has become of the old lamp"
"Söyle bana eski lambaya ne oldu"
"I left it on the cornice in the hall of four-and-twenty windows"
"Dört-yirmi pencereli salondaki kornişin üzerine bıraktım"
"Alas!" she said, "I am the innocent cause of our sorrows"
"Eyvah!" dedi, "Üzüntülerimizin masum nedeni benim"
and she told him of the exchange of the lamp
Ve ona lambanın değiş tokuşunu anlattı
"Now I know" cried Aladdin
"Şimdi biliyorum," diye bağırdı Aladdin
"we have to thank the magician for this!"
"Bunun için sihirbaza teşekkür etmeliyiz!"
"Where is the lamp?"
"Lamba nerede?"
"He carries it about with him" said the Princess
"Onu yanında taşıyor," dedi Prenses
"I know he carries the lamp with him"
"Lambayı yanında taşıdığını biliyorum"
"because he pulled it out of his breast to show me"
"Çünkü bana göstermek için göğsünden çıkardı"
"and he wishes me to break my faith with you and marry him"
"Ve sana olan inancımı kırmamı ve onunla evlenmemi istiyor"
"and he said you were beheaded by my father's command"
"Ve babamın emriyle kafanın kesildiğini söyledi"
"He is for ever speaking ill of you"
"O senin hakkında her zaman kötü konuşuyor"
"but I only reply by my tears"
"ama ben sadece gözyaşlarımla cevap veriyorum"

"If I persist, I doubt not"
"Israr edersem, şüphem yok"
"but he will use violence"
"Ama şiddet kullanacak"
Aladdin comforted his wife
Alaaddin karısını teselli etti
and he left her for a while
Ve bir süreliğine onu terk etti
He changed clothes with the first person he met in the town
Kasabada tanıştığı ilk kişiyle kıyafetlerini değiştirdi
and having bought a certain powder, he returned to the Princess
ve belli bir pudra satın aldıktan sonra Prenses'e döndü
the Princess let him in by a little side door
Prenses onu küçük bir yan kapıdan içeri aldı
"Put on your most beautiful dress" he said to her
"En güzel elbiseni giy," dedi ona
"receive the magician with smiles today"
"Sihirbazı bugün gülümseyerek kabul edin"
"lead him to believe that you have forgotten me"
"Onu beni unuttuğuna inandır"
"Invite him to sup with you"
"Onu seninle oturmaya davet et"
"and tell him you wish to taste the wine of his country"
"Ve ona ülkesinin şarabını tatmak istediğini söyle"
"He will be gone for some time"
"Bir süreliğine gitmiş olacak"
"while he is gone I will tell you what to do"
"O yokken sana ne yapacağını söyleyeceğim"
She listened carefully to Aladdin
Alaaddin'i dikkatle dinledi
and when he left she arrayed herself beautifully
Ve o gittiğinde kendini güzelce düzenledi
she hadn't dressed like this since she had left her city
Şehrini terk ettiğinden beri böyle giyinmemişti
She put on a girdle and head-dress of diamonds

Pırlantalardan bir kuşak ve başlık giydi
she was more beautiful than ever
Her zamankinden daha güzeldi
and she received the magician with a smile
Ve sihirbazı gülümseyerek karşıladı
"I have made up my mind that Aladdin is dead"
"Alaaddin'in öldüğüne karar verdim"
"my tears will not bring him back to me"
"Gözyaşlarım onu bana geri getirmeyecek"
"so I am resolved to mourn no more"
"bu yüzden artık yas tutmamaya kararlıyım"
"therefore I invite you to sup with me"
"bu yüzden seni benimle oturmaya davet ediyorum"
"but I am tired of the wines we have"
"ama sahip olduğumuz şaraplardan bıktım"
"I would like to taste the wines of Africa"
"Afrika'nın şaraplarını tatmak istiyorum"
The magician ran to his cellar
Sihirbaz mahzenine koştu
and the Princess put the powder Aladdin had given her in her cup
ve Prenses, Alaaddin'in ona verdiği tozu bardağına koydu
When he returned she asked him to drink her health
Döndüğünde ondan sağlığını içmesini istedi
and she handed him her cup in exchange for his
ve ona bardağını verdi.
this was done as a sign to show she was reconciled to him
Bu, onunla barıştığını göstermek için bir işaret olarak yapıldı
Before drinking the magician made her a speech
İçmeden önce sihirbaz ona bir konuşma yaptı
he wanted to praise her beauty
Güzelliğini övmek istedi
but the Princess cut him short
ama Prenses onu kısa kesti
"Let us drink first"
"Önce içelim"

"and you shall say what you will afterwards"
"Ve daha sonra ne diyeceksen onu söyleyeceksin"
She set her cup to her lips and kept it there
Bardağını dudaklarına götürdü ve orada tuttu
the magician drained his cup to the dregs
Sihirbaz bardağını tortulara boşalttı
and upon finishing his drink he fell back lifeless
ve içkisini bitirdikten sonra cansız bir şekilde geri düştü
The Princess then opened the door to Aladdin
Prenses daha sonra Aladdin'e kapıyı açtı
and she flung her arms round his neck
ve kollarını boynuna doladı
but Aladdin asked her to leave him
ama Aladdin ondan ayrılmasını istedi
there was still more to be done
Daha yapılacak çok şey vardı
He then went to the dead magician
Sonra ölü büyücüye gitti
and he took the lamp out of his vest
Ve lambayı yeleğinden çıkardı
he bade the genie to carry the palace back
Cine sarayı geri taşımasını emretti
the Princess in her chamber only felt two little shocks
Prenses odasında sadece iki küçük şok hissetti
in little time she was at home again
Kısa bir süre sonra tekrar evdeydi
The Sultan was sitting on his balcony
Padişah balkonunda oturuyordu
he was mourning for his lost daughter
Kaybettiği kızı için yas tutuyordu
he looked up and had to rub his eyes again
Başını kaldırdı ve tekrar gözlerini ovuşturmak zorunda kaldı
the palace stood there as it had before
Saray daha önce olduğu gibi orada duruyordu
He hastened over to the palace to see his daughter
Kızını görmek için aceleyle saraya gitti

Aladdin received him in the hall of the palace
Alaaddin onu sarayın salonunda kabul etti
and the princess was at his side
Ve prenses onun yanındaydı
Aladdin told him what had happened
Alaaddin ona olanları anlattı
and he showed him the dead body of the magician
Ve ona sihirbazın cesedini gösterdi
so that the Sultan would believe him
Padişah ona inansın diye
A ten days' feast was proclaimed
On günlük bir bayram ilan edildi
and it seemed as if Aladdin might now live the rest of his life in peace
ve Aladdin artık hayatının geri kalanını huzur içinde yaşayabilirmiş gibi görünüyordu
but it was not to be as peaceful as he had hoped
Ama umduğu kadar huzurlu olmayacaktı

The African magician had a younger brother
Afrikalı sihirbazın küçük bir erkek kardeşi vardı
he was maybe even more wicked and cunning than his brother
Belki de kardeşinden daha kötü ve kurnazdı
He travelled to Aladdin to avenge his brother's death
Kardeşinin ölümünün intikamını almak için Alaaddin'e gitti
he went to visit a pious woman called Fatima
Fatima adında dindar bir kadını ziyarete gitti
he thought she might be of use to him
Onun için yararlı olabileceğini düşündü
He entered her cell and clapped a dagger to her breast
Hücresine girdi ve göğsüne bir hançer sapladı
then he told her to rise and do his bidding
Sonra ona kalkmasını ve emrini yerine getirmesini söyledi
and if she didn't he said he would kill her
Ve eğer yapmazsa onu öldüreceğini söyledi

He changed his clothes with her
Kıyafetlerini onunla değiştirdi
and he coloured his face like hers
Ve yüzünü onunki gibi renklendirdi
he put on her veil so that he looked just like her
Tıpkı ona benzemek için peçesini taktı
and finally he murdered her despite her compliance
ve sonunda itaatine rağmen onu öldürdü
so that she could tell no tales
masal anlatamasın diye
Then he went towards the palace of Aladdin
Sonra Alaaddin'in sarayına doğru gitti
all the people thought he was the holy woman
Bütün insanlar onun kutsal kadın olduğunu düşünüyordu
they gathered round him to kiss his hands
Ellerini öpmek için etrafında toplandılar
and they begged for his blessing
ve onun kutsaması için yalvardılar
When he got to the palace there a great commotion around him
Saraya vardığında etrafında büyük bir kargaşa vardı
the princess wanted to know what all the noise was about
Prenses tüm bu gürültünün ne hakkında olduğunu bilmek istedi
so she bade her servant to look out of the window for her
Bu yüzden hizmetçisine pencereden dışarı bakmasını söyledi
and her servant asked what the noise was all about
Hizmetçisi de bu gürültünün ne olduğunu sordu
she found out it was the holy woman causing the commotion
Kargaşaya neden olanın kutsal kadın olduğunu öğrendi
she was curing people of their ailments by touching them
İnsanlara dokunarak hastalıklarını iyileştiriyordu
the Princess had long desired to see Fatima
Prenses uzun zamandır Fatıma'yı görmek istiyordu
so she get her servant to ask her into the palace
Bu yüzden hizmetçisini onu saraya davet etmesi için ikna etti

and the false Fatima accepted the offer into the palace
ve sahte Fatima teklifi saraya kabul etti
the magician offered up a prayer for her health and prosperity
Sihirbaz sağlığı ve refahı için dua etti
the Princess made him sit by her
Prenses onu yanına oturttu
and she begged him to stay with her
Ve onunla kalması için ona yalvardı
The false Fatima wished for nothing better
Sahte Fatima daha iyi bir şey istemedi
and she consented to the princess' wish
Ve prensesin isteğini kabul etti
but he kept his veil down
ama peçesini indirdi
because he knew that he would be discovered otherwise
çünkü başka türlü keşfedileceğini biliyordu
The Princess showed him the hall
Prenses ona salonu gösterdi
and she asked him what he thought of it
Ve ona bunun hakkında ne düşündüğünü sordu
"It is truly beautiful" said the false Fatima
"Gerçekten çok güzel" dedi sahte Fatima
"but in my mind your palace still wants one thing"
"Ama aklımda sarayın hala bir şey istiyor"
"And what is that?" asked the Princess
"O da ne?" diye sordu Prenses
"If only a Roc's egg were hung up from the middle of this dome"
"Keşke bu kubbenin ortasına bir Roc yumurtası asılsaydı"
"then it would be the wonder of the world" he said
"O zaman dünyanın harikası olurdu" dedi
After this the Princess could think of nothing but the Roc's egg
Bundan sonra Prenses, Roc'un yumurtasından başka bir şey düşünemedi
when Aladdin returned from hunting he found her in a very

ill humour
Aladdin avdan döndüğünde onu çok kötü bir mizah içinde buldu
He begged to know what was amiss
Neyin yanlış olduğunu bilmek için yalvardı
and she told him what had spoiled her pleasure
Ve ona zevkini bozan şeyi anlattı
"I'm made miserable for the want of a Roc's egg"
"Roc'un yumurtası için perişan oldum"
"If that is all you want you shall soon be happy" replied Aladdin
"Eğer tek istediğin buysa, yakında mutlu olacaksın," diye yanıtladı Aladdin
he left her and rubbed the lamp
Onu terk etti ve lambayı ovuşturdu
when the genie appeared he commanded him to bring a Roc's egg
cin ortaya çıktığında ona bir Roc yumurtası getirmesini emretti
The genie gave such a loud and terrible shriek that the hall shook
Cin o kadar yüksek ve korkunç bir çığlık attı ki salon sallandı
"Wretch!" he cried, "is it not enough that I have done everything for you?"
"Zavallı!" diye bağırdı, "senin için her şeyi yapmış olmam yetmez mi?"
"but now you command me to bring my master"
"Ama şimdi bana efendimi getirmemi emrediyorsun"
"and you want me to hang him up in the midst of this dome"
"Ve onu bu kubbenin ortasına asmamı istiyorsun"
"You and your wife and your palace deserve to be burnt to ashes"
"Sen, karın ve sarayın yakılıp kül olmayı hak ediyorsun"
"but this request does not come from you"
"Ama bu istek sizden gelmiyor"
"the demand comes from the brother of the magician"
"Talep sihirbazın kardeşinden geliyor"

"the magician whom you have destroyed"
"Yok ettiğin sihirbaz"
"He is now in your palace disguised as the holy woman"
"O şimdi kutsal kadın kılığında sarayınızda"
"the real holy woman he has already murdered"
"Zaten öldürdüğü gerçek kutsal kadın"
"it was him who put that wish into your wife's head"
"Bu dileği karının kafasına koyan oydu"
"Take care of yourself, for he means to kill you"
"Kendine iyi bak, çünkü seni öldürmek istiyor"
upon saying this the genie disappeared
Bunu söyledikten sonra cin ortadan kayboldu
Aladdin went back to the Princess
Aladdin Prenses'e geri döndü
he told her that his head ached
Ona başının ağrıdığını söyledi
so she requested the holy Fatima to be fetched
bu yüzden kutsal Fatıma'nın getirilmesini istedi
she could lay her hands on his head
Ellerini başının üzerine koyabilirdi
and his headache would be cured by her powers
Ve baş ağrısı onun güçleriyle iyileşecekti
when the magician came near Aladdin seized his dagger
sihirbaz yaklaştığında Aladdin hançerini ele geçirdi
and he pierced him in the heart
Ve onu kalbinden deldi
"What have you done?" cried the Princess
"Ne yaptın?" diye bağırdı Prenses
"You have killed the holy woman!"
"Kutsal kadını öldürdün!"
"It is not so" replied Aladdin
"Öyle değil," diye yanıtladı Aladdin
"I have killed a wicked magician"
"Kötü bir sihirbaz öldürdüm"
and he told her of how she had been deceived
Ve ona nasıl aldatıldığını anlattı

After this Aladdin and his wife lived in peace
Bundan sonra Aladdin ve karısı barış içinde yaşadılar
He succeeded the Sultan when he died
Öldüğünde padişahın yerine geçti
he reigned over the kingdom for many years
Uzun yıllar krallık üzerinde hüküm sürdü
and he left behind him a long lineage of kings
ve arkasında uzun bir kral silsilesi bıraktı

The End
Son

www.tranzlaty.com

www.ingramcontent.com/pod-product-compliance
Lightning Source LLC
Chambersburg PA
CBHW011954090526
44591CB00020B/2770

* 9 7 8 1 8 3 5 6 6 0 6 4 5 *